Colmos y tantanes

Infantil

Colección Librería

Libros de todo para todos

Colmos y tantanes

EMU editores mexicanos unidos, s. a.

D.R. © Editores Mexicanos Unidos, S. A.
Luis González Obregón 5-B, Col. Centro,
Cuauhtémoc, 06020, D. F.
Tels. 55 21 88 70 al 74
Fax: 55 12 85 16
editmusa@prodigy.net.mx
www.editmusa.com.mx

Coordinación editorial: J. Antonio García Acevedo
Ilustración de interiores: Alejandra Parra
Diseño de portada: Víctor G. Zarco Brito
Formación: Roberto Doroteo Santiago

Miembro de la Cámara Nacional
de la Industria Editorial. Reg. Núm. 115.

1a. Edición: mayo de 2006

1a. Reimpresión: octubre de 2006

ISBN 968-15-2053-X

Impreso en México
Printed in Mexico

COLMOS DE ANIMALES
Cuál es el colmo...

¿De una abeja?
Ser alérgica al polen.

¿De una ballena?
Ir vacía.

¿De un erizo?
Que todo le dé mala espina.

¿De una gallina?
Que se sienta la mamá
de los pollitos.

¿De otra gallina?
Tener patas de gallo.

¿De un gallo?
Que se le ponga la piel de gallina.

¿De un gato?

Perseguir al ratón de la
computadora.

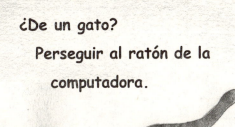

¿De una jirafa?

Que le duela la garganta.

¿De un loro?

Tener una esposa cotorra.

¿De un microbio?
Tener complejo de
superioridad.

¿De una mula?
Dar muy buenas patadas
y no poder ser futbolista.

¿De un oso panda?
Que le tomen una foto a
color y salga en blanco y negro.

¿De una oveja?

Tener un hambre de
lobo.

¿De un pato fiel?
Andar con dos patas.

¿De un pato que juega a
la lotería?
Tener muy mala pata.

¿De otro pato?

Tener plumas y no poder
escribir.

¿De un pollito?

No decir ni pío.

¿De una sardina?

Que le den lata.

¿De una tortuga?

Que siempre haga concha.

¿De una vaca?

Que le guste el béisbol y no los toros.

¿De un vampiro?

No tener colmos, sino colmillos.

COLMOS DE PERSONAS
Cuál es el colmo...

¿De un amnésico?

Que cuando se muera, le hagan un monumento a su memoria.

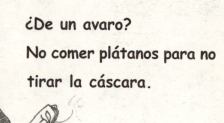

¿De un avaro?

No comer plátanos para no tirar la cáscara.

¿De un calvo?

Encontrar un pelo en la sopa.

¿De otro calvo?

Que le tomen el pelo.

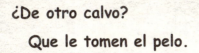

¿De un chino?

Ser lacio.

¿De un chaparro?

Que lo asciendan a Mayor.

¿De un tercer calvo?

Tener ideas descabelladas.

¿De un enano?

Que un policía le grite:

"¡Alto!"

¿De otro enano?

Tenerle miedo a las

alturas.

¿De un fortachón?

Romper el silencio.

¿De un gallego?

Verse al espejo y decir:

"Yo te conozco".

¿De un jorobado?

Estudiar derecho.

¿De un ruso?

Asombrarse y quedar

con la vodka abierta.

COLMOS DE LUGARES Y OBJETOS

Cuál es el colmo...

¿De una aspiradora?

Ser alérgica al polvo.

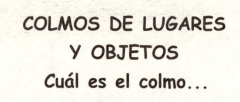

¿De un barco?

Frenar en seco.

¿De una botella?
Que se resfríe por
estar destapada.

¿De una computadora?
Tenerle miedo a los
ratones.

¿El colmo más grande?
Estocolmo.

¿De una embajada?
Estar en subida.

¿De una funeraria?

Que el negocio esté

muerto.

¿De una iglesia?

Que no tenga curitas.

¿De un libro?

Que en otoño se le

caigan las hojas.

¿De otro libro?
Tener pasta y no poder
lavarse los dientes.

¿De un tercer libro?
Tener título sin haber
ido a la universidad.

¿De una mesa?
Tener patas y no
poder correr.

¿De un muñeco de nieve?

Que se derrita por su novia.

¿De un nopal?

Que se le caiga la baba.

¿De un número seis?

Que lo hayan inventado

en un dos por tres.

¿De los pies?

Tener plantas y no
poder regarlas.

¿De un pizarrón?

Que cuando está negro,
está limpio y cuando
está blanco, está sucio.

¿De un refresco?

Que las burbujas le
produzcan gases.

¿De un restaurante?
Cerrar para comer.

¿De un robot?
Tener nervios de
acero.

¿De un revólver?
Tener perrillo en vez de gatillo.

¿De una rosca de reyes?
Tener muñecos y no poder
jugar con ellos.

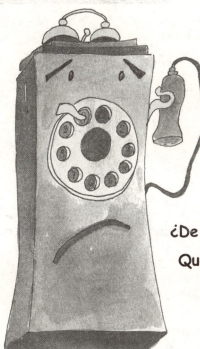

¿De un teléfono?
Que lo dejen colgado.

¿De un sombrero?
Ir de "gorra" a todas partes.

COLMOS DE PROFESIONES, ACTIVIDADES Y OFICIOS
Cuál es el colmo...

¿De un abogado?

Tener una esposa que se llame Amparo.

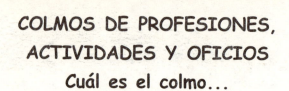

¿De un actor?

Tomar sopa de letras para no olvidar el libreto.

¿De un ajedrecista?

Que le den en la torre.

¿De un albañil?

Que se llame Armando

Paredes.

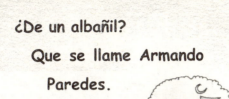

¿De un arquitecto?

Construir castillos en

el aire.

¿De otro arquitecto?

Llamarse Armando Casas.

¿De un astronauta?
Estar en la luna todo
el tiempo.

¿De un mal atleta?
Correr solo y llegar en
segundo lugar.

¿De otro astronauta?
Quejarse de no tener
espacio.

¿De un bailarín?

Dar un paso en falso.

¿De un bombero?

Llamarse Armando Fuegos.

¿De una cantante de ópera?

Haber tenido un plácido domingo.

¿De un carnicero?

Tener manitas de cerdo.

¿De otro carnicero?

Tener un perro salchicha.

¿De un carpintero?

Pasarse el día tocando madera.

¿De otro carpintero?
Tener un perro que le
mueva la cola.

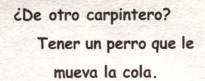

¿De un cartero?
Jugar a las cartas al
salir del trabajo.

¿De un casero?
Querer alquilar hasta los
cuartos del reloj.

¿De un cazador?

Que su hijo se haga pato.

¿De un comerciante?
Tener un corazón de
oro y no poder
venderlo.

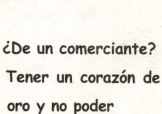

¿De una costurera?
Perder el hilo de la conversación.

¿De un chofer?

Que su esposa lo
maneje a su antojo.

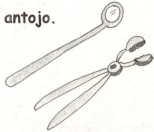

¿De un dentista?
Sacarle los dientes a un
ajo.

¿De un electricista?
Casarse con una mujer que
se llame Luz y que sea muy
positiva.

¿De otro electricista?
Conseguir trabajo por
"conectes".

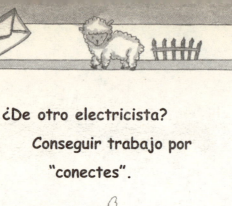

¿De otro electricista más?
Ir a ver cortos al cine.

¿De un cuarto electricista?
Que su esposa le siga la
corriente.

¿De un equilibrista?
Sostener lo dicho.

¿De un escritor?
Que su esposa le dé sopa
de letras.

¿De un farmacéutico?
Cerrar su farmacia porque no le
quedó más remedio.

¿De un filósofo?
Meterse dentro de un
pozo para pensar con
mayor profundidad.

¿De un fotógrafo?
No poder revelar sus
secretos.

¿De otro fotógrafo?
Que se le rebelen los
hijos.

¿De un futbolista?
Que su madre sea
portera.

¿De otro futbolista?
Tener tacos y no
podérselos comer.

¿De un tercer futbolista?
Vivir de la patada.

¿De un inspector de Hacienda?
Tener un horario impuesto.

¿De un jardinero?
Que lo dejen plantado.

¿De otro jardinero?
Que su hija se llame Rosa; su esposa,
Margarita; su mamá, Azucena, y se apellide
Flores del Campo.

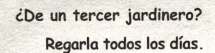

¿De un tercer jardinero?
Regarla todos los días.

¿De un joyero?
Tener un hijo brillante y
una esposa que vale oro.

¿De un lechero?
Llevar curitas por si se
corta la leche.

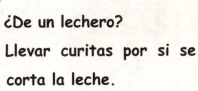

¿De un leñador?

Dormir como un tronco.

¿De un mago?

Que lo desaparezcan de
la nómina.

¿De un médico?

Tener una esposa que
se llame Dolores y una hija
que se llame Remedios.

¿De otro médico?

Matar el tiempo por

no tener pacientes.

¿De un meteorólogo?

No tener tiempo para

nada.

¿De un tercer médico?

Que se apellide Mata Lozano.

¿De una modista?
Ser incapaz de
hilvanar una frase.

MMM...

Eh...
Ah....
Si.....

¿De un oculista?
Que una mujer le
"eche el ojo".

¿De otro oculista?
Querer operar las
cataratas del Niágara.

¿De un panadero?

Ser más bueno que el pan.

¿De otro panadero?

Tener una esposa llamada
Concha y no podérsela comer.

¿De un pastor?

Quedarse dormido
contando sus ovejas.

¿De un peluquero?

Perder el tren por un

pelito.

¿De otro peluquero?

Tener un hijo pelado.

¿De un periodista?

Tener dificultades a diario.

¿De un piloto de aviones?
Que a diario lo manden
a volar.

¿De un pescador?
Pescar un resfriado.

¿De un plomero?
Que su esposa lo mande por un tubo.

¿De un profesional de
lucha libre?
Equivocarse y no querer
dar el brazo a torcer.

¿De una profesora?
Enseñar a leer a las niñas
de sus ojos.

¿De un repostero?
Tener un carácter muy dulce.

¿De un sastre?

Tener un hijo "botones".

¿De una telefonista?

Ponerse a dieta para mantenerse en línea.

¿De un usurero?

Prestar atención sin interés.

¿De un velador?

Darle la vuelta a la manzana y no podérsela comer.

¿De un zapatero?

Hacer zapatos al pie de la letra.

¿De otro zapatero?

Levantarse con el pie izquierdo.

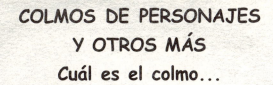

COLMOS DE PERSONAJES
Y OTROS MÁS
Cuál es el colmo...

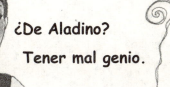

¿De Aladino?
Tener mal genio.

¿De Batman?
No haber inventado la batidora.

¿Otro de Batman?
Que lo Robin.

¿El colmo de los colmos?
Que un mudo le diga a
un sordo que un ciego lo
está mirando.

¿De Drácula?
Donar sangre.

¿El colmo más pequeño?
El colmillo.

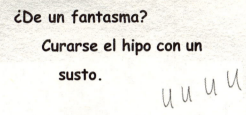

¿De un fantasma?

Curarse el hipo con un susto.

¿De una sirena?

Que la lleven en una ambulancia.

TANTANES

Era un abogado tan inepto,
pero tan inepto, que perdió
el juicio.

Era un caballo tan perezoso,
pero tan perezoso, que cuando
le pusieron la silla, se sentó.

Era un campo tan verde,
tan verde, que las
ovejas menores de
dieciocho años no podían
entrar.

MAYORES
DE 18 AÑOS

Era un carro tan, pero tan
viejo, que cuando el
conductor sacaba la mano
para dar la vuelta, le
daban una limosna.

Era un cartero tan, pero
tan lento, que cuando
entregaba las cartas,
éstas ya eran documentos
históricos.

Era un chiste tan malo,
tan malo, que le pegaba a
los chistecitos.

Era un futbolista tan, pero
tan malo, que si metía
un gol, lo fallaba en la
repetición.

Era un hombre tan feo, tan feo,
que cuando nació, la cigüeña
vino dos veces: la primera
para dejarlo y la segunda
para disculparse.

Era un hombre tan
alto, pero tan alto, que
tenía que tomar pastillas
contra el vértigo.

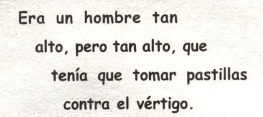

Era un hombre con tan
mala, pero tan mala suerte,
que cuando se sentó en un
pajar, se clavó la aguja.

Era otro hombre tan alto,
pero tan alto, que
vendía chicles en los
aviones.

Era un hombre tan avaro, tan avaro,
que no prestaba ni atención.

Era un hombre tan
tonto, tan tonto, que
guardaba el periódico en
el refrigerador para leer
noticias frescas.

Era un hombre tan bueno,
pero tan bueno, que se
encontró un recibo de la
luz y lo fue a pagar.

Era un hombre tan burro,
pero tan burro, que
creía que la Guerra Fría
había sido un pleito entre
paleteros.

$10°°
EL SUSTO

Era un hombre tan feo,
pero tan feo, que lo
contrataron para quitar
el hipo.

Era un hombre tan flaco,
pero tan flaco, que se
dedicaba a limpiar
mangueras por dentro.

Era un hombre tan
friolento, tan friolento
que en vez de tener frío
tenía heladas.

Era un hombre tan
grande, tan grande, que
los aviones tuvieron que
poner claxon para no
chocar con él.

Era un hombre tan haragán,
pero tan haragán, que
cuando ganó un concurso de
haraganes, pidió que le
mandaran el premio.

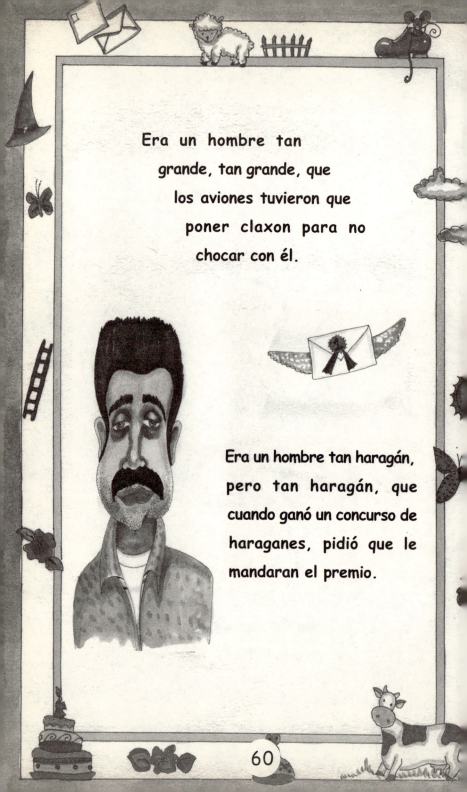

Era un hombre tan mexicano,
pero tan mexicano, que
cuando le daba tos,
tomaba jarabe tapatío.

Era un hombre tan
pequeño, pero tan
pequeño, que no le
cabía ni la menor
duda.

Era otro hombre tan pequeño, tan pequeño, que en vez de viajar en metro, viajaba en centímetro.

Era un hombre tan rápido, tan rápido, que en vez de comer a la carta, comía al telegrama.

Era un hombre tan
tonto, tan tonto, que
creía que la raíz
cuadrada se encontraba
debajo de los árboles.

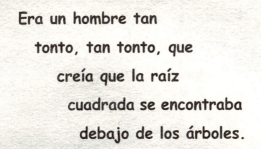

Era otro hombre tan
tonto, tan tonto, que
fue a un concurso de
tontos y ganó el segundo
lugar, por tonto.

Era un hombre tan viejo,
tan viejo, que cuando
iba al colegio no había
clases de historia.

Era otro hombre tan viejo,
tan viejo, que conoció al rey
de bastos cuando era
sargento.

Era un hombre tan,
pero tan rico, que lo
apodaban "El Limón",
porque tenía muchas
propiedades.

Era un hombre tan, pero
tan viejo, que cuando Dios
dijo: "Hágase la luz", él
ya debía tres meses.

Era un individuo tan feo,
pero tan feo, que
cuando picaba cebolla,
hacía llorar a la cebolla.

Era un jinete tan malo,
tan malo, que montaba en
cólera porque no sabía
montar a caballo.

Era un joven tan alto, pero
tan alto, que en vez
de cumplir años, cumplía
metros.

Era un joven tan ingenuo, pero tan ingenuo,
que por las noches ponía azúcar en su
almohada para tener dulces sueños.

Era un joven tan
perezoso, tan perezoso,
que se levantaba temprano
todos los días para estar
más tiempo sin hacer
nada.

Era un libro tan corto, tan
corto, que en el título estaba
la trama y el desenlace.

Era un manzano tan alto,
tan alto, que cuando
se le caían las manzanas,
al llegar al suelo ya
estaban podridas.

Era un muchacho tan
menso, tan menso, que
cuando lo invitaron a una
fiesta de quince años, no
fue porque tenía dieciséis.

Era un nadador tan rico,
tan rico, que nadaba
en la abundancia.

Era un niño tan lento, tan
lento, que cuando iba a
cazar caracoles, se le
escapaban de las manos.

Era un niño tan, pero tan
pequeño, que cuando se
sentaba en una moneda
de cinco pesos, le
sobraban tres.

Era un niño tan, tan tonto,
que cuando la maestra
borraba la tarea del
pizarrón, él la borraba del
cuaderno.

Era un policía tan zonzo,
tan zonzo, que mandó
poner una piscina sobre
su carro para la sirena.

Era un papá tan tacaño,
pero tan tacaño, que les
daba permiso a sus hijos
de que vieran la televisión,
pero no les permitía
encenderla.

Era un pueblo tan
antiguo, tan antiguo, que
los semáforos eran en
blanco y negro.

Era un pueblo tan sano,
pero tan sano, que cuando
inauguraron el cementerio,
tuvieron que ir al pueblo de
al lado por algunos muertos.

Era un ricachón tan, pero tan tonto, que ordenó que le construyeran tres albercas en su jardín: una para agua caliente, otra para agua fría y otra sin agua para los que no supieran nadar.

Era un señor tan bajito, pero tan bajito, que para subir un escalón se tardaba dos días.

Era un señor tan
zonzo, pero tan zonzo,
que cada vez que salía de
viaje, llevaba unas tijeras
para cortar camino.

Era otro señor tan tonto,
tan tonto, que un día se
hizo un examen de sangre,
y lo reprobó.

Era un señor tan calvo,
pero tan calvo, que
cuando iba a la
peluquería, no había "ni
quien lo pele".

Era un señor tan chiquito,
tan chiquito, que cuando se
sentaba en el suelo, le
colgaban los pies.

Era un señor tan
chiquito, tan chiquito,
que tenía que usar
paracaídas para bajar
un escalón.

Era un señor tan delgado,
tan delgado, que cuando
llovía, no se mojaba.

Era un señor tan egoísta,
pero tan egoísta, que
no salía al sol para no
dar sombra.

Era un señor tan flojo,
pero tan flojo, que soñó
que estaba trabajando y
amaneció cansado.

Era un señor tan
pacífico, pero tan
pacífico, que se volvió
océano.

Era un señor tan tonto,
tan tonto, que un día le
dieron trabajo de planta
y se metió a una maceta.

Era un señor tan zonzo,
tan zonzo, que creía que
usando una pipa larga se
retiraría del tabaco.

Era un señor tan, pero
tan feo, que fue a un
concurso de feos y lo
perdió, por feo.

Era un señor tan, pero tan
flaco, que no tenía ni
dedo gordo.

Era un hombre tan alto,
tan alto, que se tropezó
en un pueblo y fue a caer
a otro.

Era un tipo con tan mala suerte, pero tan mala suerte, que compró un circo y los enanos crecieron.

Era un tipo tan amargado, pero tan amargado, que cuando chupaba un limón, éste era el que hacía gestos.

Era un tipo tan feo,
pero tan, tan feo, que
buscó la palabra "feo"
en el diccionario y vio
su foto.

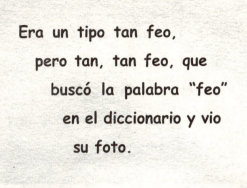

Era un tipo tan menso,
pero tan menso, que un día
disparó al aire, y no le dio.

Era un tipo tan tacaño,
pero tan tacaño, que se
tomó una foto del cuello
para abajo, para que no
le saliera cara.

Era un tipo tan tonto, tan
tonto, que no sabía escribir
el número once, pues no
sabía cuál uno iba primero
y cuál después.

Era un tipo tan zonzo, pero
tan zonzo, que cuando
llenaba algún formulario y leía
la frase: "Deje en blanco este
espacio", escribía: "De acuerdo".

Era otro tipo tan zonzo,
tan zonzo, que creía que
las Epístolas eran las
esposas de los Apóstoles.

NO!

NO *No!*

Era un tipo tan, pero tan
negativo, que un día se
desmayó y en lugar de
volver en sí, volvió en no.

Era un tren tan veloz, tan veloz, que llegaba a su destino diez minutos antes de salir.

1934

1846

Era un vino tan viejo, tan viejo, que la botella tenía arrugas.

1957

1823

Era una adivina tan buena, tan buena, que además del futuro, adivinaba el pluscuamperfecto del subjuntivo.

Era una casa tan alta, tan
alta, que cuando el
domingo se le cayó una
teja, ésta llegó al suelo
hasta el miércoles.

Era una bruja tan tonta,
pero tan tonta, que no
practicaba las ciencias
ocultas porque no las
encontraba.

Era una chica tan mona,
pero tan mona, que
únicamente comía
cacahuates.

Era una
charca tan seca, pero tan
seca, que hasta las ranas
llevaban cantimplora.

Era una familia tan
numerosa, tan numerosa,
que la cigüeña dormía con
ellos.

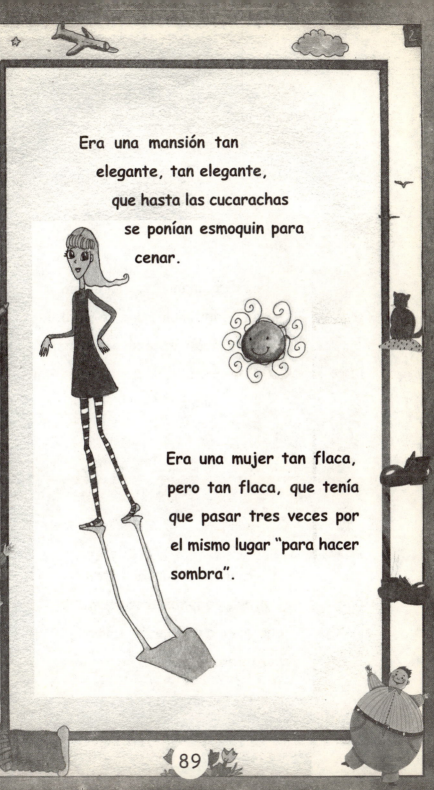

Era una mansión tan
elegante, tan elegante,
que hasta las cucarachas
se ponían esmoquin para
cenar.

Era una mujer tan flaca,
pero tan flaca, que tenía
que pasar tres veces por
el mismo lugar "para hacer
sombra".

Era una mujer tan gorda,
tan gorda, que cuando
se caía de la cama, se
caía de los dos lados.

Era una mujer tan limpia,
tan limpia, que se puso a
lavar el azúcar morena
para que quedara bien
blanca.

Era una persona tan
presumida, tan presumida,
que cuando cumplía años,
felicitaba a su mamá.

Era una señora tan
gorda, pero tan gorda,
que cuando se pesaba,
la balanza decía:
"Continuará…"

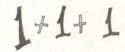

Era una señora que tenía
la boca tan chiquita, pero
tan chiquita, que para
decir tres, tenía que
decir: "uno, uno, uno".

= 3

Era una señora tan
limpia, pero tan limpia,
que se lavaba las manos
antes de bañarse.

ZZZZ

AUXILIO!!

Era una señora tan, pero
tan fea, que no podía
dormir porque cuando
venía el sueño, lo
espantaba.

Era una señora tan, pero
tan, tan, tan... que
parecía campana.

Era una vaca tan flaca,
pero tan flaca, que en vez
de dar leche, daba lástima.

Era una ventana tan pequeña,
tan pequeña, que no
entraban ni las moscas.

Había una vez un tipo tan,
pero tan torpe, que se
tropezaba con su propia
sombra.

Había una vez una ciudad
tan seca, pero tan
seca, que las vacas
daban leche en polvo.

LECHE
EN
POLVO

Y, para terminar...

Era un libro tan, pero tan
sentimental, que cuando
los niños lo cerraban, se
ponía a llorar.

Impresora Multiple
Saratoga # 909
Col. Portales
Deleg. Benito Juárez